DIE ZEIT Klassik-Edition

DIE ZEIT Klassik-Edition

20 große Interpreten in 20 Bänden

Mit dem Besten aus der ZEIT,
u.a. mit Beiträgen von
Pablo Casals und Heinz Josef Herbort

Band 6
Pablo Casals

Zeitverlag Gerd Bucerius GmbH & Co. KG

Impressum:

Herausgeber
Zeitverlag Gerd Bucerius GmbH & Co. KG
Pressehaus
Speersort 1
20095 Hamburg

Die ZEIT Klassik-Edition erscheint im Zeitverlag Gerd Bucerius GmbH & Co. KG.

Musikaufnahmen EMI Music Germany GmbH & Co. KG

Redaktionsleitung Volker Hagedorn
Redaktion Maren Soehring
Bildredaktion Andy Heller
Grafische Konzeption und Einbandgestaltung Ingrid Nündel
Satz und Repro Zeitverlag Gerd Bucerius GmbH & Co. KG
Druck und Bindung GGP Media GmbH, Karl-Marx-Str. 24, 07381 Pößneck
Printed in Germany
Bildnachweis Einband, Umschlag und CD Rene Burri/Magnum Photos/Agentur Focus, EMI Classics, Bettmann/Corbis

ISBN Gesamtreihe: 3-476-02200-5
ISBN Band 6: 3-476-02206-4

» Es gibt so viel zu bewundern und zu lieben … Was für eine fantastische, wundervolle Schöpfung ist die Welt! Wie verschiedenartig! Verschiedenartigkeit – das ist das Gesetz der Natur. Niemals kann man dasselbe Werk zweimal genauso spielen, mit jeder Note wird es zu einer anderen Welt. «

Pablo Casals

Inhalt

Ohne Pablo Casals wäre eines der wichtigsten Werke von Johann Sebastian Bach wohl heute noch vielen unbekannt: die Sammlung von sechs *Suiten für Violoncello solo*, um 1720 entstanden. Der 1876 geborene katalanische Cellist nahm diesen Zyklus als Erster in sein Repertoire auf, und von ihm stammt auch die erste Einspielung. Sie entstand von 1936 bis 1939, zählt zu den legendären Aufnahmen des 20. Jahrhunderts und wird in diesem Band als Auswahl von drei der sechs Suiten neu veröffentlicht. Dieses historische Tondokument zeugt von Casals' musikalischer Intensität und von seiner Wachheit gegenüber Bach. Er betont Momente, die noch heute von vielen nicht sofort mit Bach in Verbindung gebracht werden: Charme, tänzerische Leichtigkeit, Gesang, Flexibilität und Vitalität des Ausdrucks. Obwohl Casals an historischer Aufführungspraxis nicht interessiert war, zeigte er auch für Rhetorik und Affekte, für die „Klangrede" des Barock mehr Sinn als manche Solisten nach ihm. Alle Cellisten indessen stehen in Pablo Casals' Schuld: Ihm verdanken sie die Entdeckung ihres „Zentralheiligtums".

Casals' Aufnahmen – Inhalt der CD

Johann Sebastian Bach (1685–1750)
Suiten für Violoncello solo (um 1720)

Suite Nr. 1 G-Dur BWV 1007

1 Prélude (2:28)
2 Allemande (3:41)
3 Courante (2:32)
4 Sarabande (2:22)
5 Menuet I & II (3:14)
6 Gigue (1:49)

Suite Nr. 4 Es-Dur BWV 1010

7 Prélude (4:16)
8 Allemande (3:45)
9 Courante (3:56)
10 Sarabande (4:09)
11 Bourrée I & II (3:37)
12 Gigue (2:35)

Suite Nr. 5 c-Moll BWV 1011

13 Prélude (7:19)
14 Allemande (3:17)
15 Courante (2:04)
16 Sarabande (2:44)
17 Gavotte I & II (4:29)
18 Gigue (2:20)

Gesamtspielzeit 60:53

Pablo Casals, Violoncello

Pablo Casals – eine Biografie

Im Sommer 1950 ist Pablo Casals bereits 73 Jahre alt, aber die Welt schaut ins südfranzösische Prades, als gäbe der Cellist dort sein erstes Konzert. In gewisser Weise ist das auch so. Seit Kriegsende hat sich der im Exil lebende Musiker geweigert, öffentlich aufzutreten, aus Protest gegen die Untätigkeit der westlichen Nationen gegenüber General Franco. Nur eine Hand voll guter Freunde hat ihn in den vergangenen Jahren spielen hören, und niemand weiß, wie es wirklich um ihn steht.

Aber nach den ersten Takten von Bachs *Cello-Suite Nr. 1 G-Dur* ist klar, dass nichts von Casals' Können verloren gegangen ist. „Stark, ätherisch, schwer fassbar", beschreibt ein französischer Kritiker Casals' Klang. Ein anderer hält über das Comeback fest: „Ein im höchsten Maße schönes Musizieren des größten Cellisten der Welt." Als „Stolz der Nation" galt er bereits im Spanien des Fin de Siècle, aber jetzt wird er innerhalb weniger Tage zum Medienstar. Die neue Aufmerksamkeit mag auch mit den zehn Schallplattenaufnahmen vom Prades-Festival zusammenhängen, die noch im Laufe des Jahres erscheinen und seinen Ruf neu verbreiten. Nur ein kleiner Teil seines riesigen Repertoires war in den dreißiger Jahren aufgezeichnet worden. Ein Versäumnis für die Nachwelt. Er selbst bedauerte das am wenigsten: Nie erschien ihm der Klang einer Aufnahme so, wie er ihn in Erinnerung hatte.

Pablo Casals, am 29. Dezember 1876 in dem katalanischen Dorf El Vendrell geboren, fällt schon früh durch sein ungewöhnlich gutes Gehör auf. Er und sein Bruder sind noch zu klein, um auf die Klaviertasten zu schauen, da schlägt der Vater im Wohnzimmer Akkorde an, deren Einzeltöne die Kinder zu erraten haben. Mit vier lernt Pablo Klavier, Flöte, dann Geige. Für andere Instrumente fehlt der Familie das Geld. El Vendrell ist ein lebendiges Dörfchen nahe der Küste, das vom Weinanbau des Penedès profitiert. Doch als Kirchenorganist und Musiklehrer bringt der Vater die Familie so gerade über die Runden. Casals muss elf werden, bis er zu seinem wahren Instrument auf eine Weise kommt wie letztlich so viele Musiker: Er verliebt sich schlagartig in das Instrument, das er durch Zufall auf einem Marktplatz-Konzert hört. „Der Celloklang hatte etwas so Zartes, Schönes, Menschliches. Nie zuvor hatte ich solch einen Ton vernommen", erinnert er sich später.

Der Einzug des Cellos ändert die Familiensituation grundlegend. Der Vater besteht auf einer Tischlerausbildung des Sohnes statt eines ernsthaften Musikstudiums, das ihm selbst nur ein bescheidenes Leben eingebracht hat. Doch jetzt setzt sich die Mutter durch. Acht ihrer elf Kinder hat sie verloren, manche starben wenige Tage nach der Geburt. Pablo, gleichsam ein „Überlebender", soll die Chance bekommen, etwas aus seinem Talent zu machen. 1888 geht sie mit ihm nach Barcelona, wo Casals neben Komposition und Kontrapunkt auch Cello studiert. Die Fortschritte des 12-Jährigen sind atemberaubend, und sein Selbstbewusstsein wächst. Üblicherweise werden damals beim Cellospiel beide Arme steif gehalten, die Ellbogen nahe am Körper. „Wir hatten beim Üben ein Buch unter die Achselhöhle zu

Casals um 1900 in Paris – hier gelang ihm am 17. Dezember 1899 sein Durchbruch mit dem 1. Cellokonzert von Saint-Saëns

klemmen. Das alles hielt ich für Narretei." Casals beginnt mit der Spieltechnik zu experimentieren, hebt den rechten Bogenarm, wenn er es für angemessen hält, und verändert auch die Griffe der linken Hand. Fünf Jahre lang studiert Casals bei seinem Lehrer Joseph García, der ihn nicht behindert, aber auch kaum unterstützen kann. García gesteht später, dass sein Schüler über das Cello auf eigene Faust wesentlich mehr herausfand, als er selbst ihm vermitteln konnte. Casals' Pensum ist immens. Morgens geht er zur Schule, abends spielt er in Cafés und in den Sommerferien mit tingelnden Musikgruppen, um für die Familie ein Zubrot zu verdienen. Keine glanzvolle Aufgabe, aber das ständige Spielenmüssen wird für ihn in seiner späteren Karriere hilfreich sein. Es sind wichtige Lehrjahre, zu denen auch die erste Krise zählt: Um seine weitere Ausbildung zu sichern, nimmt er im Alter von 16 an einem Wettbewerb teil – und zur allgemeinen Überraschung gewinnt er nicht. Niemand hatte ihn bisher in die Rolle des Wunderkinds gedrängt, nun enttäuscht er vor allem seine eigenen Erwartungen. Die schmerzliche Erfahrung löst Selbstzweifel und Depressionen aus, von denen er sich monatelang nicht erholt.

Noch einmal trifft die Mutter die richtige Entscheidung. Sie nutzt ein Empfehlungsschreiben, das ein Vorspielen am spanischen Hof in Madrid ermöglicht. Königin María-Christina ist entzückt und gewährt ihm ein Stipendium. Der Erste von vielen königlichen Gunstbeweisen, die Casals auch von anderen Monarchen erhalten wird. Der Hof-Erzieher Graf de Morphy unterrichtet ihn in Kunst, Literatur, Sprachen. Casals' Allgemeinbildung ist bis dahin miserabel, als Musiker ist er Spaniens große Hoffnung. Während der Musiklehrer am Madrider Konservatorium ihn für eine Solokarriere aufbaut, sieht Graf de Morphy in Casals einen nicht minder talentierten Komponisten, der die spanische Oper aus dem Schatten der italienischen befreien könnte. Casals soll erst einmal beide Fächer in Brüssel weiterstudieren. Doch das Vorspielen dort gerät zum Fiasko. Der Cellolehrer macht ihn vor der Klasse lächerlich. Casals fühlt sich gedemütigt und reist am folgenden Tag wieder ab. Wenn tatsächlich der Hof seine Hände im Spiel hatte, um ihn vom Cello zu entfremden, wie bis heute vermutet wird, dann schlug dieser Plan gehörig fehl. Zum ersten, aber nicht zum letzten Mal gibt Casals zu verstehen, dass es um das geht, was er will, nicht was andere wollen. In der Musik wie im Leben gelten für Casals zeitlebens keine Gesetze, die man fraglos hinnimmt. Für seine ehrenwerte wie selbstzerstörerische Eigensinnigkeit zahlt er jedoch immer wieder einen hohen Preis. Nach der abrupten Flucht aus Brüssel lebt er einen erfolglosen Winter in bitterer Armut in Paris und reist resigniert zurück nach Hause.

In Barcelona wendet sich das Blatt. Casals ist 20 Jahre alt und wird Professor für Cello an der Musikschule, erster Cellist an der städtischen Oper und Mitglied eines angesehenen Kammermusikensembles. Vielen hätte das genügt, aber er will mehr. Bis 1899 hat er noch kein größeres Solokonzert außerhalb Spaniens gegeben. Im Frühsommer ist er bereit. „Noch einmal war ich entschlossen, es mit Paris aufzunehmen", erinnert er sich später. Vier der weltbesten Orchester spielen zu der Zeit in der Stadt. Doch Casals ist nicht mehr zum Zuhören verdammt wie drei Jahre zuvor. Der Dirigent Charles Lamoureux holt ihn als Solisten in sein Orchester. Bereits das zweite Konzert wird der Durchbruch. Am 17. Dezember 1899 spielt Casals das *Erste Cellokonzert* von Saint-Saëns. Das Publikum überschüttet ihn mit Ovationen, auch der kranke Lamoureux ist sichtlich bewegt. Wenige Tage später stirbt der Dirigent, mit seinem letzten Konzert hat er Casals die Türen zu einer neuen Karriere geöffnet.

Fotografien aus dieser Zeit zeigen Casals seriös gekleidet und mit ernsthaftem Gesicht an seinem Instrument. Dieser konservative Eindruck täuscht. Casals ist mit seinem befreiten Spiel der Erneuerer, der das bis dato steife Cellospiel revolutioniert. Vorbilder, an denen er sich hätte reiben oder messen können, gibt es schlichtweg nicht. Neu sind auch ausgedehnte Tourneen nach Nordamerika, Südamerika und Russland, die Casals von 1901 an unternimmt. Bisher waren selbst die begabtesten Cellisten immer an ein Orchester gebunden. Casals ist der Erste, der den solistischen Celloklang einem Massenpublikum vertraut macht – nicht zuletzt mit Johann Sebastian Bach, dessen Solosuiten für das Instrument er der Vergessenheit entreißt. Als Lehrer wird Casals sein Wissen bis an sein Lebensende weitergeben. Die Erfahrung, dass der Klang absoluten Vorrang vor der Spielmethode hat, stellt für viele Schüler eine künstlerische Befreiung dar. Casals entwickelt eine Theorie der „expressiven Intonation", nach der Halbtöne dem musikalischen Verlauf entsprechend höher oder tiefer zu spielen sind. „Ob eine Note falsch ist, hören Sie genauso, wie Sie es merken, wenn Sie etwas in Ihrem Leben falsch gemacht haben", gibt er Schülern gern mit auf den Weg.

Die richtige Intonation trifft er im Privatleben weniger gut. Mit der Cellistin Guilhermina Suggia führt er eine Ehe ohne Trauschein, die er im katholischen Spanien nie publik zu machen wagt. 1912 trennt sich das Paar wegen unerträglich werdender Spannungen und Eifersüchteleien. Als er 1914 nach New York reist, heiratet er zehn Tage nach seiner Ankunft die amerikanische Sopranistin Susan Metcalfe. Offiziell hält die Ehe zwar lange, aber sie zerbricht schon schnell an der Kraft, mit der beide an ihrer Heimat hängen: Die Sängerin zieht es zu ihrer Familie nach New York, Casals in das katalanische San Salvador, wo er mit seiner Mutter und seinen Brüdern in einem Haus am Meer lebt.

Mit einem anderen Paradoxon kommt er besser zurecht. Casals spielt vor Königen, doch wie sein Vater ist er leidenschaftlicher katalanischer Republikaner, der sich von einer Demokratie mehr Gerechtigkeit im Land verspricht. Für kurze Zeit geht dieser Wunsch in Erfüllung. Die Wahl 1931 bringt den Sieg für die Republikaner. Zur Gründungsfeier der Zweiten Republik dirigiert er Beethovens *Neunte Sinfonie*. Man macht ihn zum Präsidenten der Junta de Música, die sich in Katalonien um Kunst und Erziehung kümmert; er wird wie ein Nationalheld mit Ehrungen überschüttet. Doch das politische System, in das Casals so viele Hoffnungen setzte, kann sich nur mit Mühe halten. Als der Bürgerkrieg ausbricht, haben die Faschisten auch Casals im Visier. In einer Rundfunkrede droht ein als besonders

1949: Pablo Casals und seine amerikanische Schülerin Madeleine Foley, mit der er auch gemeinsame Plattenaufnahmen machte

brutal geltender General, dass er Casals beide Arme abtrennen würde, wenn er ihn zu fassen bekäme. Die im Land herrschende Gewalt und Unsicherheit – sein Bruder Enrique sitzt grundlos für zehn Wochen im Gefängnis – machen Casals mutlos und niedergeschlagen. Die depressive Phase behindert sein künstlerisches Arbeiten jedoch nicht, im Gegenteil. Die großartigsten der frühen Aufnahmen entstehen in dieser Zeit: das Dvořák-Konzert, die Beethoven-Sonaten und die Bach-Solo-Suiten.

Als Franco im April 1939 den Sieg verkündet, weiß Casals, dass er nicht mehr zurück nach San Salvador kann. Im südfranzösischen Exil wird seine Situation prekär, als die Deutschen Frankreich besetzen. 1943 beginnt er in Prades sein Oratorium *El Pesebre* (Die Krippe) zu komponieren, eine Arbeit, die ihm hilft, den Krieg zu überstehen. Die Uraufführung am 17. Dezember 1960 in Acapulco dirigiert er selbst. Seinen Schwur, nie mehr öffentlich aufzutreten, solange Franco an der Macht ist, hat er da längst gebrochen – doch der Cellist bleibt glaubwürdig. Casals gilt längst als Symbolfigur. Er wird für den Friedensnobelpreis nominiert und bedient sich in seinem „Kreuzzug für den Frieden" – diese Bezeichnung geht um die Welt – wieder des Mittels der Musik. Und er kostet die Auftritte noch einmal voll aus, spielt im Weißen Haus, im New Yorker UN-Saal, er dirigiert, repräsentiert, gibt Cello-Meisterklassen und gründet nach dem Prades-Festival auch ein Musikfest in Puerto Rico, wo er von 1956 an mit seiner zweiten Ehefrau Marta, einer ehemaligen Celloschülerin, lebt. Am Ende trägt Casals die Aura eines Heiligen, nur die Unsterblichkeit fehlt. Am 22. Oktober 1973 stirbt er – drei Jahre zu früh. Erst 1976 wird Spanien zur Demokratie. Casals' sterbliche Überreste werden wenig später nach Katalonien überführt.

Simone Kaempf

Cellisten mit Hund:
Casals und seine zweite Ehefrau Marta, 1957 in San Juan

Lebenslänglich Bach: Der 92-jährige Casals, neben ihm seine Frau Marta, spielt die Solosuiten für Cello. Mit Anfang 50 hat er als Erster diese Werke aufgenommen – nachzuhören auf der ZEIT-CD

Casals' Musik – die Solosuiten von Bach

Saitentänze – Johann Sebastian Bach und seine Suiten für Cello solo

In der Nähe des Hafens von Barcelona durchstöberten im Jahr 1889 ein zwölf Jahre alter Cellist und sein Vater die Antiquariate. Dabei stießen sie auf eine Sammlung von Tanzsätzen aus der Feder von Johann Sebastian Bach. „Der Verfasser war meinem Vater und meinem Lehrer unbekannt“, erinnert sich der Cellist Pablo Casals viele Jahre später. Er habe die Noten wie einen Schatz betastet und nach Hause getragen. „Welches Geheimnis, welches verführerische Geheimnis konnte hinter den Worten *Sechs Suiten für Violoncello solo* verborgen sein? Ich hatte nichts von ihrer Existenz gewusst; niemand hatte mir bis zu diesem Augenblick von ihnen gesprochen.“ Zu dieser Zeit war Bach für viele noch ein großer Unbekannter; die Werke für Violoncello solo wurden allenfalls in kleinen Ausschnitten gespielt. Ganze zwölf Jahre beschäftigte Casals sich mit ihnen, ehe er sie öffentlich vorstellte und der erstaunten Hörerschaft seine Überzeugung nahe brachte: „Bachs Werke sind die Quintessenz der Musik und die Cellosuiten die Quintessenz von Bach.“

Das früheste Bild von J. S. Bach: Gut 30 Jahre alt war der Komponist, als er seine Suiten für Violoncello solo schrieb

Casals ließ dabei auch hören, was schon Bachs Sohn Carl Philipp kurz nach dem Tod des Vaters schrieb: „Sein ernsthaftes Temperament zog ihn zwar vornehmlich zur arbeitsamen, ernsthaften, und tiefsinnigen Musik, doch konnte er auch, wenn es nöthig schien, sich, besonders im Spielen, zu einer leichten und scherzhaften Denkart bequemen." In seiner Interpretation der Cellosuiten spürte Casals auch diese „leichte und scherzhafte Denkart" auf, die dem vorherrschenden Bild von Bach zu Beginn des 20. Jahrhunderts so gar nicht entsprach. Damals herrschte die Meinung vor, Bach habe seine Werke gleichsam jenseits historischer Zusammenhänge geschaffen. Heute stellt sich Bachs Status als „Klassiker" anders dar: Sein Leben lang hat er unterschiedliche Strömungen, Traditionen und Neuerungen aufgegriffen, um seinen jeweils eigenen Weg zu finden. Dieser Weg begründete zugleich die zeitlose Präsenz seiner Werke. Wer sich keiner Mode unterwirft, kommt eben nie aus der Mode.

Johann Sebastian Bach entstammt einer Familie, die bereits über Generationen hinweg professionell Musik machte. Als jüngstes Kind des Leiters der Ratsmusik wird er 1685 in Eisenach geboren. Nachdem Vater und Mutter kurz hintereinander gestorben sind, nimmt der Bruder den Zehnjährigen in seinen Haushalt auf und unterrichtet ihn auf dem Klavier. Welches Niveau bereits der 13-Jährige erreicht hat, belegen Handschriften, die 2005 gefunden wurden: von Bach angefertigte Kopien anspruchsvollster Orgelmusik des 17. Jahrhunderts, die er selbst gespielt haben muss. Die Forschung spricht seitdem von einem „frühreifen Genie" - einem Wunderkind.

Seine Karriere beginnt er zunächst als Virtuose auf der Orgel, eine erste respektable Anstellung führt den 18-Jährigen als Organist nach Arnstadt. Seine kompositorischen Ambitionen werden besonders geweckt und gefördert, als er in fürstliche Dienste tritt. Mit seinem Engagement am Weimarer Hof erhält er zusätzlich die Aufgaben eines Kammermusikers, von dem auch eigene Werke erwartet werden. So wendet sich Bach auch weltlicher Musik zu, besonders in seinen Jahren als Kapellmeister und Direktor der Kammermusik in Köthen zwischen

1717 und 1723. In dem Regenten Leopold findet er „einen gnädigen und Music so wohl liebenden als kennenden Fürsten". Der hatte beste Musiker an seinen Hof verpflichtet. Mit ihnen konnte Bach die – wohl schon in Weimar entworfenen – *Brandenburgischen Konzerte* aufführen; auch Kompositionen für unbegleitete Soloinstrumente datieren aus dieser Zeit, etwa die *Drei Sonaten und drei Partiten für Violine* und die *Sechs Suiten für Violoncello solo.*

Als Thomaskantor nach Leipzig berufen, ist Bach für die Erziehung der Sängerknaben mitverantwortlich, zu denen auch seine Söhne Wilhelm Friedemann und Carl Philipp Emanuel gehören. Für sie strebt er die systematische und solide musikalische Ausbildung an, wie er sie sich einst als Kind selbst so sehr gewünscht und nicht erhalten hat. Das *Klavierbüchlein* schreibt er als Schule für seinen ältesten Sohn, den späteren Organisten, Cembalisten und Komponisten Wilhelm Friedemann Bach. In Leipzig komponiert Bach auch Musik für das bürgerliche Publikum. 1729 übernimmt er das Collegium musicum im Zimmermannschen Kaffeehaus und beteiligt sich damit an der allmählichen Emanzipation des Bürgertums, das nach und nach als Kulturträger die höfischen Institutionen ablöst. Auch das Gewandhausorchester Leipzig geht auf jenes Collegium zurück, das Bach leitete. Dominierend ist in seiner Leipziger Zeit aber die Kirchenmusik mit zahlreichen Kantatenkompositionen, der *Johannes-* und der *Matthäuspassion*, dem *Weihnachtsoratorium* und der großen *h-Moll-Messe.* Zuletzt versucht Bach noch seine „Philosophie der Musik" in der *Kunst der Fuge* zusammenzufassen. Dieses Vorhaben bleibt jedoch unvollendet, nachdem sich der Komponist 1750 einer Augenoperation unterziehen muss, von der er sich nicht mehr erholt. Er stirbt mit 65 Jahren.

Bachs Biografie ist nicht spektakulär, die biografischen Dokumente sind karg. Was für ein Mensch er war, ist nicht leicht zu erfahren. Auch die Musik ist keine direkte Spiegelung seiner Persönlichkeit. Während später vor allem Komponisten der Romantik ihre inneren Konflikte musikalisch ausdrückten, verweisen Bachs Werke wie die vieler

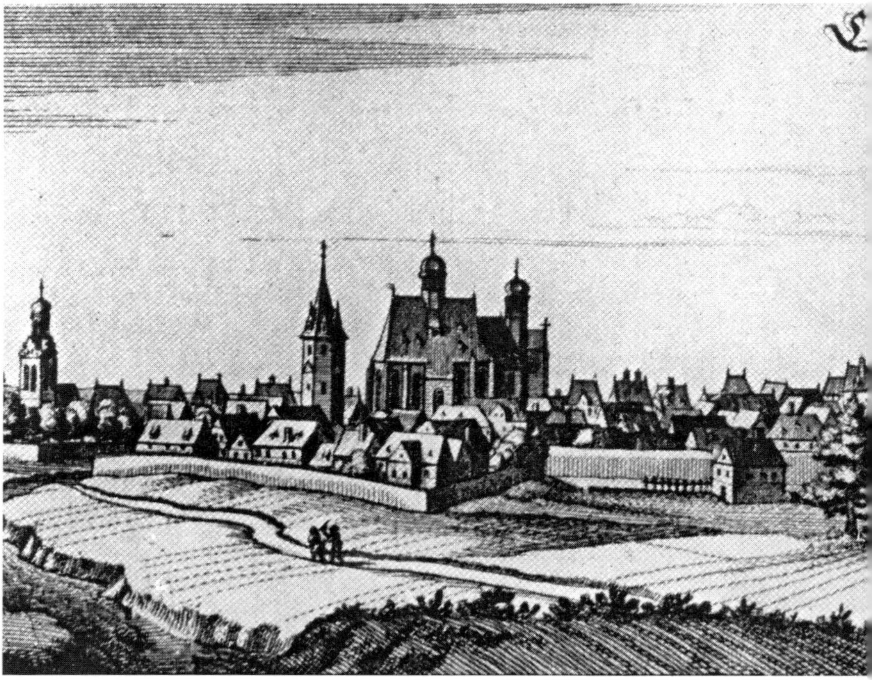

barocker Zeitgenossen weniger auf die Gefühlslage ihres Schöpfers als auf dessen Umgebung und Arbeitsbedingungen. Die Suiten, Abfolgen von Tänzen, entstehen im Umfeld der höfischen Kultur in Köthen. Ihre virtuose Ausarbeitung lässt darauf schließen, dass sie für einen sehr guten Musiker geschrieben wurden, wahrscheinlich für einen Solisten der Hofkapelle.

Jede Suite folgt dem klassisch französischen Schema, wie es sich im 17. Jahrhundert herauskristallisiert hat, und erweitert dieses gleichzeitig um jeweils ein vorangestelltes Prélude und zwei eingeschobene, leichtere Tanzsätze. Daraus ergibt sich die Abfolge: Prélude, Allemande, Courante, Sarabande, zwei eingeschobene Tänze, Gigue. Die eingefügten Tänze sind in der ersten und zweiten Suite zwei Menuette, in der dritten und vierten Suite Bourrées, in der fünften und sechsten Suite Gavotten. Die einzelnen Tänze spiegeln

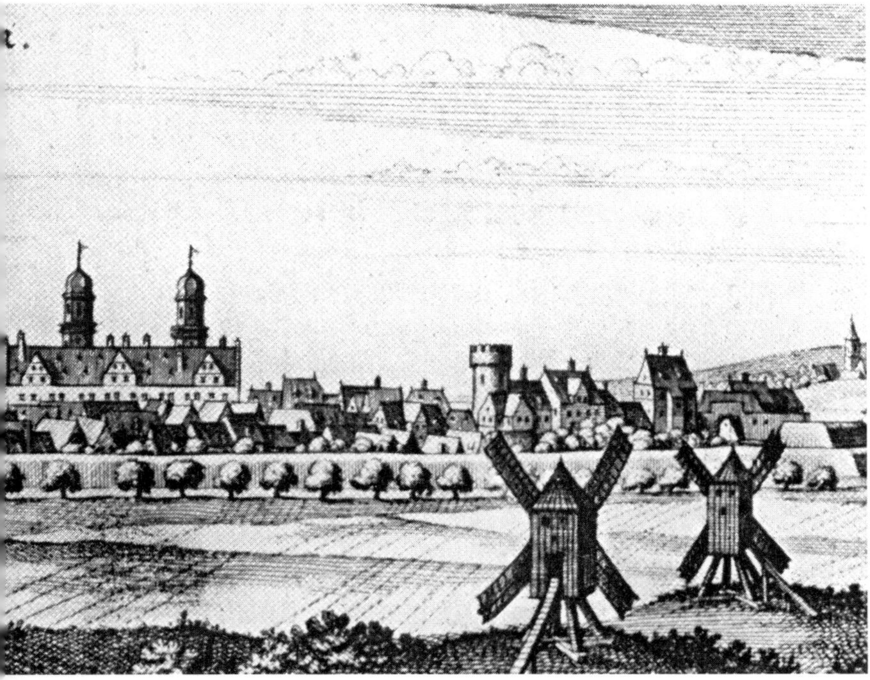

1717 ging Bach als Hofkapellmeister nach Köthen, wo für das Musizieren im Schloss (Mitte) wohl auch die Cellosuiten entstanden

bestimmte Charaktere wider. Die Allemande, das Herzstück einer jeden Suite, soll das Bild eines „zufriedenen und vergnügten Gemüths" im Hörer wachrufen, wie ein Theoretiker des 18. Jahrhunderts fordert. Der Grundzug der Sarabande ist zwar stille Trauer, doch auch zu ihr gehört der Tanz. In Sevilla tanzte man Sarabanden noch im 20. Jahrhundert. Das Menuett schildert ein Zeitgenosse Bachs als „das Gegenteil von eleganter und vornehmer Einfachheit". Ursprünglich ein Volkstanz, verfällt es doch niemals der Schwere.

Die Gigue wird mit kurzem, scharfem Bogenstrich gespielt, ihr schnelles Tempo mit einem „glatt fortschiessenden Strom-Pfeil eines Baches" verglichen. Die Gavotte ist Ausdruck „jauchzender Freude". So entfaltet das Grundgerüst der Suite eine Reihe von Gemütsbewegungen. Sie setzen sich gegeneinander ab, und das lässt ihre Eigenschaften noch deutlicher werden. Die größte Freiheit hat der Komponist in den vorangestellten Präludien. Wie im Augenblick erfunden sollen die Gedanken wirken. In der barocken Ästhetik geht der Musiker nicht von (seinen) individuellen Empfindungen aus, sondern von idealisierten, die man Affekte nennt. Wie ein guter Redner versteht er es, dem Zuhörer Erregungszustände wie Wut, Trauer, Zärtlichkeit, Fröhlichkeit zu vermitteln. Ebenfalls wie in der Rhetorik bedient er sich dabei bestimmter Tricks. Verzierungen sind dabei mehr als Effekte; sie steigern den Ausdruck. Die Nähe zur Rhetorik macht verständlich, warum im Zusammenhang mit barocker Musik immer wieder das Stichwort der „Klangrede" fällt. Wie jede Unterhaltung, der man zuhört, bleibt auch ein Musikstück nur interessant, wenn es lebendig ist, nicht erstarrt buchstabiert wird. Der vortragende Musiker nimmt sich zu diesem Zweck kleine Freiheiten heraus. Er verschärft Rhythmen, spielt Noten, die in gleichen Werten notiert sind, unterschiedlich lang und setzt einzelne Betonungen im Fluss der „Argumentation".

Nur zu spielen, „was auf dem Papier steht", widerspricht dieser Tradition des Musizierens – doch die ist in ihrer Selbstverständlichkeit seit dem 18. Jahrhundert weitgehend abhanden gekommen. Casals selbst sah sich ganz in der Tradition der Romantik, aber bei Bach kam er zu Ergebnissen, die auch der Ästhetik des frühen 18. Jahrhunderts entsprechen. Sein Leitspruch „Immer singend und molto expressivo" scheint beide Richtungen zu vereinen. Wie keine andere Komposition sind Bachs Suiten mit dem Namen ihres berühmtesten Interpreten verbunden. Um 1900 kaum in einzelnen Sätzen bekannt, wurden die Suiten von Pablo Casals erstmals als Zyklus vorgestellt. Nicht nur, dass er alle Tänze einer Suite mit allen Wiederholungen spielte und so ihre Beziehungen untereinander deutlich machte, auch die sechs Werke insgesamt schlossen sich unter seinem Bogenstrich zu einer Einheit. Die enorme Spannweite dieser Sammlung trat zutage. Die Suiten 1 bis 3 stellen die Klangmöglichkeiten und den Charakter des Violoncellos vor, in den Suiten 4 bis 6 geht Bach gleichsam über das Cello hinaus und gibt den Blick frei auf weitere Möglichkeiten des Instruments. Er erreicht sein Panorama der Formen und Farben mit nur einem einzigen Instrument, das als reines Melodieinstrument nur sehr eingeschränkt harmonische Zusammenklänge darstellen kann. Der Hörer mag dabei manchmal kaum glauben, dass nur ein Bogen und vier Saiten solche Kontraste hervorbringen. Als mischte sich immer wieder eine andere Stimme ein, unterbrechen Töne und Phrasen in tieferen Lagen unvermittelt das Spiel der hohen Lagen. Von „latenter Polyphonie" sprechen Musikanalytiker und machen darauf aufmerksam, wie die raschen Registerwechsel im Hörer den Eindruck von Mehrstimmigkeit hervorrufen.

Casals lässt diese kompositorische Dichte lebendig bleiben, indem er stets das Gesangliche der Melodieführung betont. Singen heißt für ihn vor allem, richtig zu artikulieren – ganz in barocker Tradition. „Die Musik muss sprechen", forderte er schon lange, ehe die „Klangrede" wieder zum Standard der Interpretation Alter Musik wurde. Eine historische Aufführungspraxis nach den Bedingungen des 18. Jahrhunderts interessiert Casals jedoch nicht. Zum Beispiel experimentierte Bach mit unterschiedlichen Stimmungen der Saiten. In seiner fünften Suite schreibt er eine so genannte Skordatur vor. Das heißt in diesem Fall, dass die A-Saite um einen Ganzton auf G heruntergestimmt wird. Casals interpretiert das als eine Art List, die Bach anwendet, um einen klanglichen Mangel der zeitgenössischen Instrumente zu überbrücken. Auf den Instrumenten moderner Bauart sei ein solches Vorgehen überflüssig geworden, fand der Cellist und spielte daher die 5. Suite ohne jede Änderung der Stimmung. Die klanglichen Vorteile der Skordatur (und der historischen Darmanstelle der Stahlsaiten) erkannten erst spätere Interpreten wieder.

Doch die wesentliche Entdeckung, die Suiten selbst, verdanken sie Casals. Er hat nachfolgenden Generationen eine Musik erschlossen, in der auch ein lebendiges Bild von Bach zu entdecken ist.

Corinna Jarosch

Reportagen, Porträts, Essays und Kritiken

Pablo Casals und die ZEIT – das Beste aus 60 Jahren

DIE ZEIT

Sieben Jahre bevor Pablo Casals' Memoiren in Deutschland unter dem Titel *Licht und Schatten* erschienen, veröffentlichte die *ZEIT* einen sehr persönlichen Text, den der Cellist über sein Leben und die Musik geschrieben hatte. Casals war damals 87 Jahre alt. Er lebte seit 1956 in Puerto Rico, der Heimat seiner Mutter.

DIE ZEIT 29. Mai 1964, Nr. 22

Schritte auf der Strasse der Musik

Von Pablo Casals

Jeden Tag, nach meinem Morgenspaziergang am Strand bei San Juan auf Puerto Rico, spiele ich zum Auftakt Bach. Aber auf dem Klavier, nicht auf dem Cello … meistens Präludien und Fugen. Das ist wie ein Segen für das Haus. Ich liebe Mozart, Beethoven und viele andere Komponisten, aber ich könnte den Tag nicht mit einer Sonate von Beethoven oder Mozart beginnen.

Puerto Rico ist genauso schön, wie meine Mutter es mir immer beschrieben hat. Sie ist nie wieder auf die Insel zurückgekommen, nachdem sie meinen Vater geheiratet und sich in Vendrell, 60

„Jeden Tag spiele ich zum Auftakt Bach. Aber auf dem Klavier, nicht auf dem Cello …" Casals 1966 auf Puerto Rico

Kilometer südlich von Barcelona, niedergelassen hatte. Aber sie hatte oft Heimweh. Meine Mutter war eine wunderbare, ganz außergewöhnliche Frau. Sie war klein, hatte dunkle Haare und ein feines Gesicht. Sie hat meine moralischen Grundsätze geformt. Ich kann mich nicht erinnern, dass sie je laut mit uns gesprochen hätte; aber sie besaß eine Art, uns anzusehen, dass wir gar nicht anders konnten als gehorchen.

Einer ihrer Grundsätze war: „Im Prinzip achte ich kein Gesetz." Mich und meinen Bruder Luis hat sie, als wir ins wehrpflichtige Alter kamen und eingezogen werden sollten, freigekauft. Aber diese Möglichkeit bestand bei meinem jüngsten Bruder Enric nicht mehr. Meine Mutter erklärte ihm: „Sohn, du darfst niemanden töten, und du darfst dich auch von niemandem töten lassen – flieh!" Er ging nach Argentinien. So unbeugsam war sie! Dabei war sie keine auffällige Persönlichkeit. Nur selten besuchte sie meine Konzerte. Ich glaube, sie hatte meinetwegen Lampenfieber. Kam sie aber einmal, dann fragte sie mich anschließend: „Sohn, bist du zufrieden?" Ich antwortete: „Ja, Mutter." Und mehr wurde darüber nicht gesprochen.

Mein Vater Carlos Casals war ein kleiner Mann von außergewöhnlicher Körperkraft. Er spielte in der Dorfkirche die Orgel und machte Musik bei Hochzeiten und anderen Festen. Mein erstes Musikinstrument hat er gebastelt; eine Saite war über einen Resonanzkörper gespannt: Der Körper war ein Kürbis. Ich war elf, als er mir ein Cello schenkte. Doch riet er mir ab, Musiker zu werden. Meine Mutter bestand darauf, dass ich meinen musikalischen Neigungen folgen und eine richtige Fachausbildung bekommen sollte. Es gab oft erbitterten Streit darum. Ich fürchte, ich habe sehr zum Unfrieden in ihrer Ehe beigetragen.

Mit noch nicht zwölf Jahren kam ich auf die städtische Musikschule in Barcelona. Meine Mutter mietete für uns beide ein Zimmer. Einmal in der Woche kam mein Vater zu Besuch. Wir streiften dann durch die Buchhandlungen. Eines Nachmittags fand ich einen Notenband mit dem Titel: „Sechs Suiten für Violoncello solo von Johann Sebastian Bach.“ Das Gefühl der Spannung, mit dem ich den Band in die Hand nahm, werde ich niemals vergessen. Der Verfasser war meinem Vater und meinem Lehrer unbekannt.

In den darauf folgenden zwölf Jahren habe ich fast jeden Tag mit diesem Buch geübt und dabei eine neue Welt der Schönheit entdeckt. Für mich ist Bach wie Shakespeare. Er hat alles gewusst und alles gefühlt. Er ist alles. Alles – nur kein Professor. Wenn mich die Leute fragen, wie ich Bach spiele, sage ich, „wie die Pianisten Chopin“. Bach hat so viel Fantasie, aber eine streng geordnete Fantasie.

Mit 17 Jahren gewann ich den ersten Preis für Cello, Piano und Komposition und das Abschlussdiplom der städtischen Musikschule in Barcelona. Meine Mutter tat den nächsten Schritt – nach Madrid. Ich stellte mich dem Grafen de Morphy vor, dem Berater und Privatsekretär der Königin Maria Christina. Sie hörte mich spielen und gewährte mir eine Beihilfe von monatlich 200 Mark für meine weitere Ausbildung. Wenigstens einmal in der Woche spielte ich ihr vor. Sie war selber eine gute Pianistin, und manchmal spielten wir Duette. Diese großzügige Dame wurde mir eine zweite Mutter.

Das waren meine ersten und wunderbaren Schritte auf der Straße der Musik. Wohingegen dann manche der folgenden Jahre von Hunger, Sorge und Krieg erfüllt waren. Während des spanischen Bürgerkrieges war ich mit dem Herzen auf der Seite der rechtmäßigen Republikaner, obwohl ich nicht alles guthieß, was sie taten. Wie hätte ich als Sohn einfacher Landleute auch etwas anderes tun können, als mit dem Volke, mit der Republik zu sympathisieren? Ich bin Künstler, aber in der Ausübung meiner Kunst bin ich zeit meines Lebens ein Handarbeiter geblieben.

Um der Sache der Republik zu helfen, gab ich Konzerte im Ausland. Als Barcelona 1937 den Angriffen Francos widerstanden hatte, kehrte ich zurück. 1938 wurde im Rundfunk ein Konzert von mir übertragen. Ich konnte nicht länger schweigen. Ich habe der Welt erklärt, zuerst auf Englisch und dann auf Französisch: „Seht dem Mord an der spanischen Republik nicht länger zu! Wenn ihr Hitler gestattet, in Spanien zu siegen, werdet ihr die nächsten Opfer des Wahnsinns sein. Der Krieg wird sich in ganz Europa und dann über die ganze Welt ausbreiten. Kommt und helft unserem Volke!"

Nachdem die Truppen Francos gesiegt hatten, floh ich nach Paris. In jenem Winter waren ungefähr sechshundert Spanier nach Südfrankreich geflohen. Sie hatten wenig zu essen, keine Wohnungen und keine Medikamente. Viele starben. Ich verbrachte meine Zeit damit, Hilfe zu organisieren. Damals fasste ich den Entschluss, nicht mehr in der Öffentlichkeit zu spielen, bis Spanien wieder frei ist. Diesen Schwur habe ich mehrmals gebrochen. 1950 verließ ich meinen Ruhesitz, um an den Prades-Festspielen teilzunehmen, aber es war kein geschäftliches Engagement, ebenso wenig wie mein Konzert für die Vereinten Nationen 1958 oder mein Auftreten im Weißen Haus in Washington 1961. Vor den Vereinten Nationen habe ich erklärt: „Wenn ich in meinem Alter hier erscheine, dann nicht, weil sich meine moralischen Grundsätze geändert hätten oder weil ich die Beschränkungen, die ich mir selber auferlegte, aufgehoben hätte, sondern allein darum, weil alles dies zweitrangig wurde angesichts der Gefahren, die jetzt die Menschheit bedrohen."

Ich bin seit fast 25 Jahren aus meinem Heimatland vertrieben. Ich kann die Diktatur Francos nicht akzeptieren, obwohl ich mich immer noch als Bürger Spaniens fühle. Vor einigen Jahren, kurz bevor ich Frankreich verließ, um 1956 nach Puerto Rico zu ziehen, schlug mir ein französischer Beamter vor, meinen spanischen Pass aufzugeben. Ich erwiderte: „Warum soll ich meinen Pass aufgeben? Spanien ist mein Vaterland. Soll doch Franco seinen Pass aufgeben."

Mein Cello ist ein Goffriller (Matteo Goffriller, Venedig 1690 bis 1742), in Bergozis Werkstatt gemacht, ich glaube so um 1733 herum. Es hat keinen sehr großen Ton – nicht so groß wie die Stradivari–

Cellos, von denen viele für meinen Geschmack zu stark sind, zu vorherrschend, wenngleich schön. Aber wenn auch nicht groß, so ist der Ton meines Instruments sehr gleichmäßig. Dazu ist das Instrument recht handlich, weil es kleiner ist als die üblichen Celli. Ich spiele auf diesem Instrument nun schon 50 Jahre und würde um keinen Preis wechseln.

Hier in Puerto Rico wird das Cello in dem einzigen Zimmer mit Klimaanlage aufbewahrt. Ich selber mache mir nichts aus Klimaanlagen, aber das Instrument braucht sie, weil es auf der Insel so feucht ist. Trotzdem wird der Ton beeinträchtigt. Es klingt nicht so rein wie in Europa.

Je mehr eine Saite gestrichen wird, desto besser klingt sie; am besten, kurz bevor sie bricht. Natürlich wirft eine abgespielte Saite im Konzert Probleme auf. Aber das gehört zu den Risiken, die man auf sich nehmen muss. Ich erinnere mich an eine Aufführung in Genf. Ich spielte die sechste Suite von Bach. Alles ging gut, das Präludium, die Allemande, die Courante – bis ich zur Sarabande kam. Es ist ein sehr schwieriger Satz, und kaum, hatte ich begonnen, riss die A-Saite. Ich zog mich zurück und wechselte die Saite, während das Publikum wartete. Zurück aufs Podium. Ich begann die Suite von neuem. Es ist ziemlich schwer, mit einer neuen Saite zu spielen; aber wieder ging bis zur Sarabande alles gut. Und dann bei dem gleichen Takt riss die neue A-Saite. Wieder zog ich mich zurück und wechselte die Saite, ging aufs Podium und spielte – ein anderes Stück, denn es war mir klar geworden, die sechste Suite von Bach war an diesem Abend nicht für mich bestimmt.

Ich gebe gern Unterricht, denn ich habe selber dabei immer viel gelernt. Ich werde so lange meine Ansichten über Musik vertreten, wie ich dazu imstande bin. Mir geht es um die musikalische Wahrheit. Ich setze mich dem Schüler mit dem Cello gegenüber und spiele genauso viel, wie ich rede, oder sogar mehr. Ich gebe das Beispiel zugleich mit der Theorie. Ich habe die Cellotechnik vereinfacht, sie natürlicher gemacht. Früher spielten die Cellisten in einer sehr künstlichen Pose, ganz verkrampft. Sie hielten die Ellenbogen dicht am Körper. Die Lehrer ließen die Schüler Bücher unter dem Arm halten, während sie spielten. Das gab es auch bei Geigern. Ich habe das nie gekonnt. Ich sehe auch keinen Sinn darin. Ich entwickelte natürliche Armbewegungen. Und dann die Hände: Beim Greifen hatten die Cellisten die Hände immer in Bewegung. Wie eine Klaue gekrümmt, ging die Hand auf und nieder. Ich öffnete die Hand und dehnte die Griffweite aus. Ich kann jetzt vier Noten greifen, ohne die Hand zu bewegen; früher schaffte man nur drei. Alles wird dadurch leichter. Es ist wirklich ganz simpel, was ich mit der Hand gemacht habe, aber es war noch keiner vor mir darauf gekommen. Natürlich war mein Lehrer entsetzt, als er mich so spielen sah – ich war damals 13 und entwickelte schon meine eigene Technik. Doch er hat es akzeptiert, als er das Ergebnis hörte.

Ich habe der Musik gegenüber nie gleichgültig sein können – nie habe ich sie leicht genommen. Wie oft ich eine Suite auch gespielt, wie oft ich sie geübt habe – vor jedem Konzert habe ich Angst. Jedesmal, wenn ich das Podium betrete, habe ich Schmerzen unmittelbar über dem Herzen. Und jedesmal frage ich mich: „Warum eigentlich?"

Aber es ist mein Leben lang so geblieben. Schon als Kind, wenn ich meine Geigenübungen dem Lehrer vorspielen musste, spürte ich diesen Schmerz. Seltsam, dass man seiner selbst nicht Herr wird, auch in meinem Alter nicht. Wenn ich mit einem Pianisten Duett spiele, ist es nicht so schlimm; und in einem Quartett wird der Schmerz noch geringer. Ich teile dann die Verantwortung mit den anderen. Am liebsten aber dirigiere ich. Als Komponist bin ich eigentlich ziemlich unbekannt. Dabei habe ich Sinfonien, Lieder, Oratorien und Quartette geschrieben. Mein ganzes Leben lang habe ich komponiert. Meine Mutter sagte, ich hätte gesungen, bevor ich sprechen konnte. Ich komponiere, weil es mir Spaß macht. Es wäre schön, wenn die Welt nach meinem Tode meine Kompositionen gut fände.
 Ich habe immer geglaubt, mit 80 wäre man sehr alt. Aber jetzt bin

ich anderer Ansicht. Es gibt Zeiten, in denen ich mich wie ein Junge fühle. Solange man imstande ist, zu bewundern und zu lieben, so lange ist man jung. Und es gibt so viel zu bewundern und zu lieben. Der Himmel, das Meer, Bäume und Blumen. Ein einziger Baum, was für ein Wunder! Was für eine fantastische, wundervolle Schöpfung ist die Welt! Wie verschiedenartig! Verschiedenartigkeit – das ist das Gesetz der Natur. Niemals kann man dasselbe Werk zweimal genauso spielen, mit jeder Note wird es zu einer anderen Welt.

(ursprünglich erschienen unter dem Titel „Pablo Casals")

Schon 1938 hatte sich Pablo Casals im Rundfunk öffentlich gegen Francisco Franco gewandt, der die spanische Republik in einen Bürgerkrieg verwickelte und 1939 eine Diktatur errichtete. Spaniens berühmtester Musiker schwor, so lange keine Konzerte zu geben, bis seine Heimat wieder Republik sein würde, machte aber viele Ausnahmen. Franco lebte bis 1975, zwei Jahre nach Casals' Tod, erst dann begann die Demokratisierung Spaniens. Casals' Bach-Ehrung in Prades 1950 begründete die Festspiele in dem Pyrenäendorf, die bis heute als „Festival Pablo Casals" existieren.

DIE ZEIT 16. Februar 1950, Nr. 7

Casals ehrt Bach

Von Georges R. Reymond

Seit dem Ende des spanischen Bürgerkrieges lebt Pablo Casals, zweifellos der größte Cellist unserer Zeit, in der abgeschiedenen kleinen französischen Pyrenäenstadt Prades. Er lebt dort sozusagen als freiwilliger Gefangener: Er hat das Gelöbnis abgelegt, Prades nicht zu verlassen und nicht in der Öffentlichkeit aufzutreten, bis Spanien wieder eine republikanische Regierung habe. Ein einziges Mal nur ist er seinem Gelöbnis untreu geworden, im Spätherbst 1944 gab er in Montauban ein Konzert zu Ehren der im Kampf um Frankreichs Befreiung gefallenen Spanier. Aber die goldenen Brücken, die die ganze Welt ihm baute, nicht zuletzt Moskau und New York, beschritt er nicht. Er hat auch abgelehnt, im Sommer dieses Jahres zum 200.

Gegen ihn kämpfte Casals: Spaniens Diktator Franco, hier 1941 am Jahrestag des Sieges über die Republik, mit seinem Kriegsminister

Todestag von Johann Sebastian Bach nach Leipzig zu kommen und an der dortigen Bach-Feier teilzunehmen. Aber der große Meister Casals konnte dem größeren Meister Bach nicht jede Ehrung verweigern. Es wird jetzt bekannt, dass er vom 2. bis zum 20. Juni 1950 in Prades selbst ein Bach-Fest leiten wird. Der Bischof von Perpignan, Mgr. Bernard, hat ihm die 1200 Personen fassende Kirche von Prades zur Verfügung gestellt. Fünfzig europäische und amerikanische Musiker, fast alle Freunde oder Schüler Casals' (darunter Clara Haskil, Rudolf Serkin, Mieczyslaw Horszowski, Szigeti, Alexander Schneider, Isaac Stern, Doda Conrad) haben ihre kostenlose Mitwirkung zugesagt. Das Programm bringt sechs Orchester- und sechs Kammermusikkonzerte. Sämtliche zwölf Konzerte beginnen mit einem Cellosolo, gespielt von Casals. In der kleinen Stadt Prades werden sich also im Juni das 18. und das 20. Jahrhundert, schöpferische und wiedergebende Musik, die Kulturen Spaniens und Deutschlands die Hände reichen.

Wenn Musiker sich streiten

Nach einem Streit um Geld haben Pablo Casals (Cello) und Alfred Cortot (Klavier) – die einmal zusammen mit Jacques Thibaud (Violine) das wohl berühmteste Trio ihrer Zeit bildeten – 25 Jahre lang nicht mehr zusammen gespielt. Jetzt gelang es der 22-jährigen Frau des 81-jährigen Casals, ihren Mann zu einem Konzert mit dem 80-jährigen Cortot zu bewegen. Manchmal ist es die Jugend, die das Alter vor der Torheit schützt.

Als sie sich noch verstanden: Casals' Klaviertrio in den zwanziger Jahren

DIE ZEIT 30. Juli 1953, Nr. 31

Nur die Deutschen fehlen

Die Festspiele in Prades | Von Hermann von Beckerath

Seit 1950 finden alljährlich in Prades an der Pyrenäengrenze Musikfestspiele statt, unter der Leitung des großen Cellisten und Dirigenten Pablo Casals. Es kommen ausschließlich Werke der klassischen Literatur zu Gehör. Dieses Jahr waren es Bach, Mozart, Beethoven und Schubert, die in der romanischen Klosterkirche von Saint-Michel-de-Cuxa aus dem 11. Jahrhundert, drei Kilometer von Prades entfernt, zu hören waren.

Die prachtvolle Kirche beherrscht, auf einer Anhöhe gelegen, die Landschaft. Der Kirchenraum wurde zu einem Konzertsaal umgestaltet, mit einem Podium und etwa 1200 Sitzplätzen. Es wurden Kammermusikwerke, aber auch Orchesterwerke aufgeführt. Das Orchester war vorwiegend aus amerikanischen Künstlern zusammengesetzt; hinzu kamen einige aus Holland, Schweiz, Frankreich. Bei den ersten Geigen waren allein sieben Konzertmeister vertreten. Das Orchester bestand aus etwa 50 Mitgliedern, die sich in selbstloser Weise zur Verfügung stellen, denn viel mehr als Reise- und Aufenthaltsspesen kann in Prades nicht gegeben werden. Die Hauptinitiative geht von der amerikanischen Columbia-Gesellschaft aus, die auch Langspielplatten von den Festspielen herstellt und damit einen wesentlichen Anteil an der Finanzierung trägt.

Das Publikum war international: Japaner, Inder, Australier, Italiener, Spanier, Engländer, Amerikaner, Franzosen, Belgier, Türken, Schweden, Holländer. Die Organisation der Festspiele liegt stets in den

Händen von Thea Dispeker, New York. Ich erfuhr von ihr, dass dieses Jahr annähernd 1000 Amerikaner die Reise übers Wasser unternahmen, um diesen ungewöhnlichen Festspielen beiwohnen zu können.

Es erscheint fast unfasslich, wie es möglich ist, dass Casals mit 76 Jahren nicht nur vollendet Cello spielt, sondern ebenso hervorragend als Dirigent in Erscheinung tritt. Es war sehr interessant, Casals als Dirigenten kennen zu lernen, wozu man bisher, außer in Barcelona (das Orchester war in der Vor-Franco-Zeit jahrzehntelang unter seiner Leitung), keine Gelegenheit hatte. Ob Casals dirigierte oder Cello spielte – stets zeichneten sich die Interpretationen dadurch aus, dass neben der überlegenen Ruhe in langsamen Sätzen die bewegten Teile mit anfeuerndem Impuls belebt wurden, ohne dass je der Rahmen gesprengt wurde. Größten Wert legt Casals auf natürliche Phrasierung, und dies macht vielleicht das Hauptgeheimnis seiner Wiedergaben aus. Ein musikalischer Höhepunkt war die letzte Beethoven-Cello-Sonate mit dem ebenbürtigen Partner Horszowski am Flügel. Ergreifend der choralartige langsame Satz und die problematische Fuge, gestaltet mit überzeugender Schlichtheit und einzig möglicher, verhaltener Temponahme.

Neben Casals hatten auch andere Solisten Gelegenheit, die Festspielgäste mit ihrer hohen Kunst zu erfreuen. So erzielte besonders Grumiaux mit seinem überirdisch schönen Geigenton und makelloser Technik große Erfolge (Mozarts G-Dur-Konzert und Beethovens Sonaten op. 96 und op. 12 Nr. 1). Von den Klaviersolisten ist in erster Linie Rudolf Serkin zu nennen, den wir als Partner des Geigers Adolf Busch noch in bester Erinnerung haben, sowie Eugene Istomin aus Amerika. Istomin wurde vor zwei Jahren so stark von

*Ständchen der Einheimischen:
Gesangsvereine empfangen Pablo Casals 1952
in seiner französischen Wahlheimat Prades*

der Persönlichkeit Casals beeindruckt, dass er beschloss – obwohl er doch bereits ein in Amerika angesehener Pianist war –, die folgenden zwei Jahre in Prades zu verweilen, um bei Casals zu studieren. Viele werden nicht wissen, dass Casals auch vorzüglich Klavier spielt. Istomin bewährte sich auch als Kammermusikspieler im Trio mit Casals und Joseph Fuchs (aus New York). Fuchs spielt eine besonders schöne Stradivarius-Geige, die unter dem Namen „Kanone“ bekannt ist und sich durch einen edlen, großen Ton auszeichnet.

Einen Sondererfolg erspielte sich der französische Oboer Marcel Tabuteau (seit 25 Jahren in Philadelphia wirkend) mit Mozarts Oboenquartett. In der Cellogruppe war natürlich auch der bekannte Schweizer Cellist Dr. Rudolph von Tobel, Casals' Schüler und Biograf, vertreten.

Schade ist nur, dass weder im Orchester noch unter den Solisten ein Deutscher zu finden war. Bei der großen Verehrung, die auch in Deutschland heute noch für Casals gehegt wird, insbesondere unter der Musikerschaft, würde der kleinste Anstoß genügen, hervorragende deutsche Musiker für Prades zu gewinnen. Auch unter den Zuhörern waren wenig Deutsche zu sehen. Bei der Einmaligkeit der musikalischen Erlebnisse, in einer ungewöhnlich harmonischen Atmosphäre dargeboten, in der Wirkung gesteigert durch den prachtvollen Kirchenraum, wäre es sehr zu wünschen, dass einer Auswahl würdiger Musikstudierenden durch Stipendien Gelegenheit gegeben würde, diese Festspiele zu besuchen, wobei unvergessliche Eindrücke vermittelt werden, die fürs ganze Leben bestimmend und nachwirkend sein könnten.

(ursprünglich erschienen unter dem Titel „Casals und seine Freunde“)

DIE ZEIT 13. September 1963, Nr. 37

Kreuzzug für den Frieden

Casals dirigiert sein Oratorium in Berlin | Von Paul Moor

Unmusikalische Zuhörer, die musikalische Veranstaltungen aus nichtmusikalischen Gründen besuchen, sind nichts Neues: Man braucht da nur an die alljährlichen Premieren in Bayreuth oder an die Metropolitan-Oper zu denken.

Höchst erstaunlich hingegen ist es, wenn die musikalische und intellektuelle Oberschicht einer Stadt freiwillig ein Konzert besucht, dessen Musik sie kaum und dessen Dirigent (als Dirigent) sie beinahe ebenso wenig interessiert. Solches geschah vergangene Woche, als Pablo Casals, der als 86-Jähriger zum erstenmal nach 30 Jahren wieder nach Berlin gekommen war, die europäische Erstaufführung seines Oratoriums *El Pesebre* (Die Krippe) dirigierte. Ganz Berlin war da, aber eben nicht des Werkes oder des Dirigenten oder der Sänger oder des Orchesters wegen. Fast alle waren sie gekommen, um diesem außergewöhnlichen, unverwüstlichen kleinen Katalanen mit Namen Pablo Casals zu huldigen. Casals einsame Opposition gegen das Franco-Regime ist zu bekannt, als dass man die Geschichte wiederholen müsste. Die allmähliche Aufweichung seiner Position allerdings stärkt die betrübliche Einsicht, dass Casals den Gedanken aufgeben muss, zu Lebzeiten sein spanisches Vaterland noch einmal frei zu sehen.

Nach 1945 sagte er, er werde so lange nicht öffentlich auftreten, bis Franco abgesetzt sei; 1950 jedoch begann er bei den jährlichen Festspielen in Prades, der Stadt in den französischen Pyrenäen, die er sich zur zweiten Heimat erwählt hat, wieder zu spielen. Kürzlich dann auch in Puerto Rico. Als er vor ungefähr zwanzig Jahren sein Oratorium komponierte, sagte er, dass die Uraufführung in Barcelona nach Francos Sturz stattfinden solle; vor einigen Jahren dann dirigierte er die Uraufführung in Acapulco, Mexiko, und hat das Oratorium seitdem auch in verschiedenen amerikanischen Städten zur Aufführung gebracht.

Mit seinem Werk hat Casals das begonnen, was er selber seinen Kreuzzug für den Weltfrieden nennt. Und wenn die Welt schon seine Aufforderung, Spanien bei der Befreiung vom Faschismus zu helfen, überhört hat, so setzt er jetzt die Kräfte seiner späten Jahre dafür ein, die Menschheit dahin zu kriegen, miteinander zu leben statt einander auszurotten. Der große Organist Marcel Dupré sagte einmal, dass man Casals, den praktizierenden Musiker, getrost ein Genie nennen könne, und jeder, der Casals' Cellospiel gehört hat, wird dem zustimmen. Aber wie schon bei so vielen anderen Musikern (Paderewski, Schnabel, Kreisler, Furtwängler und anderen) wäre es falsch, Gleiches von ihm als Komponist zu erwarten. Wenn man *El Pesebre* hörte, ohne etwas über die Herkunft des Oratoriums zu wissen, würde man es um 1900 datieren – ein gutes Stück vor *Pelléas und Melisande, Le sacre du printemps* und Schönbergs Zwölftongebilden. Casals selber stellt sein Werk nicht besonders heraus; er sagt lediglich, dass es ihm mitten aus dem Herzen kommt und dass es, in diesem Sinn aufgeführt, recht hübsch sein kann. Das scheint mir eine faire und objektivere Aussage über *El Pesebre* zu sein, als ich sie je machen könnte.

In Frankreich wurde Casals jahrelang als Kommunist oder zumindest als kommunistenfreundlich angesehen; aber für ihn gibt es keine Loyalität einer Partei gegenüber, die mit politischen Druckmitteln arbeitet. In Berlin sagt er: „Es hat mir tief ins Herz geschnitten, als ich schon an meinem ersten Tag in Berlin diese Schande sah, die ihr ganz richtig die ‚Schandmauer' nennt. Blumen am Boden davor bezeugen, dass es für euch auch eine ‚Schmerzensmauer' ist. Diese brutale Trennung der Bewohner einer Stadt hat mir vor Augen geführt, wie notwendig es ist, meine Anstrengungen für den Völkerfrieden fortzusetzen."

Casals politische Meinungen waren immer sehr emotional. Vor zehn Jahren erzählte er mir erregt, dass aus Spanien exportierte Apfelsinen boykottiert werden sollten, weil „jede spanische Apfelsine, die man isst, einem spanischen Kind vorenthalten wird". Gleichzeitig aber riet er Prades-Besuchern dringend, einen kleinen Ausflug nach Spanien zu unternehmen – offensichtlich ohne zu bedenken, dass er damit dem faschistischen Regime zu klingender Münze verhalf.

Ich meine es nicht ironisch, wenn ich sage, dass auch sein gegenwärtiger Kreuzzug für den Weltfrieden diese gleiche Naivität atmet. Es ist ergreifend und bewundernswert, dass ein so gewaltiger und integrer Mensch wie Casals es sich zur Aufgabe gemacht hat, die Menschheit zum Überleben zu bereden. Wenn es auch fraglich ist, ob musikalische Aufführungen – und selbst wenn es sich dabei um einen neuen *Messias* oder eine neue *Matthäuspassion* handelte – viel zu diesem großen Zweck beitragen können, so hat Pablo Casals doch wenigstens die Genugtuung, alles dazu beigetragen zu haben, was in seiner Macht stand. Wie viele Menschen in der Welt, bedeutend oder unbedeutend, können das heute von sich behaupten?

(ursprünglich erschienen unter dem Titel „Pablo Casals in Berlin")

„Die Steppenreiter", von John Frankenheimer. „Käpt'n Rauhbein auf St. Pauli", von Rolf Olsen.

DIE NEUE SCHALLPLATTE

Wenn Sie Schallplatten kaufen, dann —

Unbedingt:

Johann Sebastian Bach: „Suiten für Violoncello solo"; Pablo Casals; Electrola-Dacapo 1 C 147-00892/4, 30,— DM

Diese Platten kommen im rechten Augenblick. Casals hat mit seinen humanitär engagierten, sehr schlichten Kompositionen und mit seinem vitalen Dirigieren dazu beigetragen, daß man ihn heute gern zu einem zweiten Albert Schweitzer simplifiziert, zum musikalischen Urwalddoktor im Dschungel einer als überzüchtet und umfassend bösartig empfundenen Welt. Die Bach-Aufnahmen aus den dreißiger Jahren nun weisen endlich wieder auf den maßgeblichen Cellisten Casals; er bietet die sechs Suiten so dimensionenreich und zugleich musikalisch plausibel wie keiner seiner jüngeren Kollegen.

Nach Möglichkeit:

Gustav Mahler: „Symphonien Nr. 5 und Nr. 6"; Chicago Symphony Orchestra, Leitung: Georg Solti; Decca SAD 22108/110, 60,— DM

Barbirolli-Jüngern oder Bernstein-Fans mag Soltis Mahler nicht behagen: Er trägt keine Tief-

DIE ZEIT 15. Oktober 1971, Nr. 42

Puzzle der Erinnerung

Pablo Casals gibt Auskunft über sein Leben
Von Heinz Josef Herbort

Sie klingt ganz schön arrogant, die Mischung aus Selbstbewusstsein und fein dosiertem Understatement: „Ich sehe nichts Besonderes in der Tatsache, dass ich im Alter von elf Jahren Künstler war. Ich hatte angeborenes Talent und Musik im Leibe, das ist alles." Und er klopft seinem Fleiß auch noch ganz hübsch auf die Schulter: „Mein persönliches Verdienst ist es nicht. Das Einzige, dessen wir uns rühmen dürfen, ist ja nicht unser Talent, sondern was wir daraus machen." Dann die väterlich mahnende Geste: „Darum dringe ich bei jungen Musikern auch immer darauf: ‚Bildet euch ja nichts ein auf euer Talent! Dafür könnt ihr nichts; nur was ihr daraus macht, zählt. Talent ist eine Gottesgabe, haltet sie in Ehren, anstatt sie in den Schmutz zu ziehen oder zu verschleudern. Arbeitet – arbeitet unermüdlich an diesem euren Talent.'"

Schließlich aber so etwas wie eine Relativierung: „Natürlich ist die Gabe, die wir vor allem in Ehren halten müssen, das Leben selber. Unsere Arbeit sollte nichts anderes sein als eine Huldigung an das Leben." Diese Huldigung spricht ein heute fast 95-Jähriger aus. Sie ist das künstlerische und menschliche Credo eines Cellisten, dem seit ungefähr 75 Jahren alle Superlative zugesprochen werden (bis zu dem „größten Cellisten aller Zeiten" in der Enzyklopädie *Musik in Geschichte und Gegenwart* und der jetzt einem amerikanischen Journalisten in Unterhaltungen das Material für den Erinnerungsband *Licht und Schatten auf einem langen Weg* aufs Tonband sprach: „Kein

Wort, das nicht von Casals selber stammte", sagt Albert E. Kahn. Eine Puzzlearbeit also, sicherlich mit viel Fleiß zusammengestellt, wenngleich, wer wollte es anders verlangen, der 95-Jährige nicht mehr ohne weiteres in Nuancen reflektiert.

Und dem Zitatensammler ist es entweder nicht in den Sinn gekommen oder nicht gelungen, in den entscheidenden Phasen der Gespräche fragend nachzuhaken und exakte Details über die Lebensgeschichte, vor allem aber über die ästhetischen Kategorien eines Künstlers zutage zu fördern, der 80 Jahre abendländischer Musikgeschichte intensiv miterlebte und selber mitgestaltete; der 20 Jahre alt war, als Brahms starb, der aber auch noch die Cellokonzerte von Ligeti und Zimmermann kennen lernte; der gleichaltrig war mit Debussy und de Falla, deren Namen in den „Erinnerungen" aber nur je einmal zufällig auftauchen; der gelobte, nicht mehr öffentlich aufzutreten, solange Diktatoren in Spanien und anderswo am Ruder sind, der aber im Weißen Haus spielte, weil er mit Kennedy über den Frieden reden wollte, und der Europas Schickeria zu einem Festival in seinen Exilort Prades in den französischen Pyrenäen einlädt.

So bleibt es also bei einer leicht sprunghaft erzählten Lebensgeschichte – aber selbst die landläufigen Erwartungen an eine Musikerbiografie werden kaum erfüllt. Da wird weder wie üblich ausführlich von den Nöten und Kämpfen eines immer strebend sich Bemühenden berichtet noch von dem glücklichen Zufall, der dem blutjungen Eleven die einmalige Chance bot, weil urplötzlich ein großer Star ausfiel; da ist nicht von ausschweifendem Leben die Rede, nicht einmal im Paris der Jahrhundertwende, nicht von Skandalen und Affären und Intrigen; da spielen keine wüsten Frauengeschichten eine Rolle und auch keine wilden Diskussionen über ästhetische Probleme und avantgardistische Tendenzen.

Da berichtet jemand über ein Leben, das durchaus seine Hochs und Tiefs hatte, das aber trotz allem, jedenfalls in der Schilderung, zielstrebig und normal, fast schon zu normal verlief: „Ich halte mich selbst für einen ganz unkomplizierten Menschen mit sehr einfachen Vorlieben und Abneigungen. Auch in der Musik suche ich Einfachheit – vielleicht ist dies heute meine Hauptidiosynkrasie: meine Abneigung gegen alles Gekünstelte."

Ein Leben, das Casals aus einem musikalischen Elternhaus früh in die Virtuosenschule, bald in das Caféhaus-Ensemble und schnell auf das Provinzpodium führte; das ihm als 19-Jährigen bereits ehrenvolle Positionen (Solocellist an der Pariser Oper, Lehrer am Conservatoire) und mit 21 Jahren eine Karriere als in aller Welt gefeierter Solist, dem 30-Jährigen ein hochberühmtes Trio (mit Alfred Cortot und Jacques Thibaud), dem 45-Jährigen ein eigenes Orchester und dem 75-Jährigen ein eigenes Festival verschaffte; das ihn vor 33 Jahren aus seiner katalanischen Heimat ins französische Exil vertrieb und das ihn eigentlich immer nur eine gleichbleibende Forderung erheben ließ – Humanität: „Kunst und Menschlichkeit sind untrennbar."

Talent: So interessant es ist, nachzulesen, wie der vierjährige Casals Klavierunterricht bekommt, mit sieben Jahren Geige spielt, mit acht als Solist auftritt, mit neun den Vater als Organist vertritt, mit zehn sich unter fahrende Musiker mischt und später, mit 23, dem alternden Lamoureux mit einem Lalo-Konzert die Tränen in die Augen treibt („Mein lieber Junge, Sie gehören zu den wenigen, die auserwählt sind"), fast ebenso eindrucksvoll ist es, wenn die Rolle der Mutter in dieser spanischen Dörfler-Familie beschrieben wird, die im Hinblick auf die Karriere ihres Sohnes selbst ihre Ehe aufs Spiel setzt.

Arbeit: Casals bekennt: „Arbeit erhält jung. Ich glaube nicht, dass irgendjemand, der meine Arbeit leistet, sich zur Ruhe setzen kann, solange noch ein Hauch Leben in ihm ist. Meine Arbeit ist mein Leben, ich kann eines vom anderen nicht trennen." Aber er weiß es zu unterbrechen. Der britische Finanzmann und Kunstmäzen Edward Speyer berichtet in seinen Erinnerungen, Casals sei einmal auf seinem Landsitz in Ridgehurst erschienen mit den Worten: „Erst spielen wir sechs Sätze Tennis und dann die beiden Brahms-Sextette."

1961: Casals, der 85-jährige Cellist, spielt für Kennedy, den 44-jährigen Präsidenten der Vereinigten Staaten – und für den Weltfrieden

Leben: „Ich sehe dem Tod ohne Furcht entgegen. Sterben ist etwas Natürliches wie Geborenwerden. Dennoch schmerzt mich manches. Es schmerzt mich, die Welt verlassen zu müssen, deren Zustand so traurig ist … Selbstverständlich fahre ich fort zu spielen und zu üben. Auch wenn ich nochmals hundert Jahre leben sollte, würde ich das tun."

Humanität: Die wohl bewegendsten Kapitel dieses autobiografischen Berichts, *Triumph und Tragödie* und *Exil*, schildern Casals' Rolle im spanischen Bürgerkrieg. Musiker wie Musikliebhaber haben sich bislang oft und gern geweigert, sich politisch zu engagieren. Im spanischen Befreiungskrieg schlug sich eine Hand voll Komponisten auf die Seite der verzweifelt Widerstand leistenden Republikaner, aber die für die Internationalen Brigaden komponierten Lieder sucht man noch heute vergebens in einem bundesrepublikanischen Schallplattenkatalog. Über den Freiheitskampf der Spanier einmal von dieser Seite zu erfahren dürfte für die schöngeistig interessierten Leser einer Musikerbiografie nicht ohne Sinn und Nutzen sein.

Pablo Casals hat nicht mit der Waffe in der Hand gekämpft. Aber was er durch Wohltätigkeitskonzerte und mühsame bürokratische Arbeit, durch Sammelaktionen und Aufrufe, vor allem aber durch den Friedenskreuzzug mit seinem Oratorium *El Pesebre* (Die Krippe) an finanziellen Mitteln zur Unterstützung der Flüchtlinge an allen Brandorten der Weltpolitik hereinholte, verdient vermutlich ebenso hohe Bewunderung wie seine künstlerischen Leistungen mit dem Cello oder dem Dirigentenstab. Dass Casals dabei oftmals auch dann und dort noch Gespräche suchte, wo eine genauere, realistische Beurteilung der Lage und ihrer Hintergründe bereits vorher die Vergeblichkeit der Bemühungen angezeigt hätte, zeigt nicht nur die Gutmütigkeit und Gutgläubigkeit des Musikers, sondern mehr noch die Skrupellosigkeit seiner jeweiligen Gesprächspartner.

Er habe „nur getan, was ich tun musste", sagt Pablo Casals seinem Biografen. Von dem, was er „tun musste", gibt ein Anhang Kenntnis, der wohl wichtigste Teil des Buches: eine Diskografie. Dass die soeben auf den Markt gekommenen Bach-Suiten den Anfang einer Wiederveröffentlichungsserie darstellen könnten, mag man angesichts dieser beträchtlichen Liste von alten Aufnahmen nur zu hoffen wagen.

(ursprünglich erschienen unter dem Titel „Eine Arbeit, die jung erhält")

Zum Tod von Pablo Casals

Patriarch und Grandseigneur | Von Josef Müller-Marein

Pablo Casals ist 96 Jahre alt geworden, und sein hohes Alter hat zu seinem Weltruhm beigetragen. Denn nichts Greisenhaftes war an diesem behänden, temperamentvollen kleinen Mann mit dem kahlen Kopf und den strengen, aber auch wieder frommen Augen.

Kein Virtuose ist lange Jahrzehnte hindurch so sehr bewundert worden wie dieser Cellist. Das kommt, weil nicht nur die Fachleute, sondern alle Musikfreunde, die ihn spielen hörten, sofort begriffen, wie sehr sein phänomenales Virtuosentum durch sein reines Künstlertum noch übertroffen wurde. Ob er als Solist oder als Dirigent wirkte: Stets hatten seine Zuhörer den Eindruck, dass alles einfach, alles „richtig" sei. Es war aber auch das äußere Bild dieses Cellomeisters, das verblüffte. Man hörte eine Tongebung von unüberbietbarer Intensität. Schon bei Proben war es, als erzähle sein Instrument etwas, das wahr und bedeutsam sei. Blickte man betroffen auf, so sah man einen freundlichen Mann, der die Ruhe des seiner Sache sicheren Handwerkers hatte.

Casals ist 1876 in der kleinen Stadt Vendrell südlich von Barcelona geboren, wo sein Vater Organist und Musiklehrer war. Der lehrte ihn die Flöte, die Geige, die Orgel spielen und ließ ihn im Kirchenchor singen, ehe er ihn zu einem Cellomeister in Barcelona in die Lehre schickte. Es trifft sich, dass es in Spanien die großartige Tradition der Cellospieler gibt. Man kann dabei sogar von einem Erbe sprechen, das Boccherini, derselbe, der als Komponist eines berühmten *Menuetts* populär geblieben ist, im 18. Jahrhundert den Spaniern zuteil werden ließ.

Dieser Italiener, der in Frankreich und in Österreich gelebt und sich dann in Madrid niedergelassen hatte, war Schöpfer bedeutender Cellokonzerte und hat den Spaniern die Liebe zu diesem Instrument beigebracht. Jedenfalls hat Caspar Cassadó, spanischer Cellist von Weltformat, gesprächsweise einmal darauf hingewiesen, dass jener Luigi Boccherini obendrein noch ein Mensch von unendlicher Güte und Reinheit gewesen sei: „Wie unser Pablo Casals, der, wäre er nicht Cellist geworden, ein Heiliger geworden wäre. Weißt du, dass er während des Krieges in die Konzentrationslager in Südfrankreich ging, den armen Leuten dort vorspielte und heimlich seine Taschen für sie leerte?"

Auf den Weg zum Ruhm aber ist Casals durch die sechs Suiten für Cellosolo von Bach gebracht worden. Er entdeckte diese Noten, als er – noch ein Halbwüchsiger – vor einem Schaufenster in Barcelona stand, kaufte sie und widmete – wie Cassadó sich ausdrückte – fortan „Bach und dem Cello sein Leben". Sein Aufstieg vollzog sich rasch. Kaum aus den Kinderschuhen, war er schon Celloprofessor an der Musikakademie in Barcelona. Er bereiste dann alle Musikstädte der Welt, wobei er die rätselhafte Gabe entwickelte, Menschen an sich zu ziehen, ohne dass er es darauf anlegte.

Ohne im Einzelnen Lehrstunden gegeben zu haben, ist Casals doch der Lehrmeister ganzer Generationen gewesen. Doch hat Casals auch ein politisches Zeugnis abgegeben: das des aufrechten Demokraten. Er betrat Spanien seit dem Triumph Francos nicht mehr, wobei es ihm allerdings nicht allzu schwer gemacht wurde, diesem Entschluss treu zu bleiben. Denn er, der Katalane, wechselte einfach ins französische

Katalonien herüber. Die Sprache blieb dieselbe. Er ließ sich oberhalb von Prades nieder, das sich stolz die „Stadt von Casals“ nennt. Und gründete „Musikwochen“, wobei die schönsten Konzerte in der Ruine der Abtei von Saint-Michel-de-Cuxa stattfanden.

Übrigens hat Casals in einer Hinsicht Furtwänglers Schicksal geteilt. Er komponierte viel, wie dieser, scheute sich nicht, große Tongebäude aufzutürmen, wie dieser. Vielleicht war er aber, wie dieser, musikalisch zu vielseitig gebildet. So ist, was er komponierte, eher ein schönes Denkmal der Vergangenheit zu nennen als ein Ausdruck seiner selbst.

Das letzte Jahrzehnt hat Casals vornehmlich zu San Juan in Puerto Rico verbracht, wo er auch starb. Er hatte vor 15 Jahren eine junge Puerto-Ricanerin geheiratet und ihre Heimat zur seinigen gemacht. Doch war er auch hier umgeben von Musiker- und Philosophenfreunden, auch von jungen Menschen, die aus Amerika zu ihm den Weg fanden, zu ihm, dem Patriarchen und weisen Grandseigneur.

Pablo und Marta –
der alte Musiker und seine junge Frau auf Puerto Rico,
wo Casals mit 96 Jahren starb

Zum 200. Geburtstag von Johann Sebastian Bach 1950 hielt der Komponist Paul Hindemith (1895–1963) in Hamburg eine Rede, die unter ihrem Titel *Bach – ein verpflichtendes Erbe* bis heute als einer der bahnbrechenden Texte zur Aufführungspraxis barocker Musik gilt. Hindemith kritisiert darin scharf die zu seiner Zeit üblichen Monumentalbesetzungen. Sein Essay hat auf die Auseinandersetzung mit Bach ähnlichen Einfluss gehabt wie Pablo Casals' Neuentdeckung der Cellosuiten. Der ungenannte Autor der *ZEIT* war an jenem Abend vom Komponisten und Dirigenten Hindemith noch stärker beeindruckt als von dessen Kritik am zeitgenössischen Bach-Bild.

DIE ZEIT 21. September 1950, Nr. 38

Hindemith feierte Bach

Die zahlreichen Jubiläumsveranstaltungen zum Bach-Gedenkjahr in Westdeutschland haben sehr verschiedene Gesichter und sehr unterschiedliches Gewicht. Der Beitrag Hamburgs ist bisher nicht eben überwältigend gewesen – was die Quantität betrifft. Es soll allerdings in dieser Hinsicht noch einiges nachgeholt werden. Umso bedeutender fiel die große offizielle Feier in der Musikhalle aus dank der Persönlichkeit, die ihr das Gepräge gab: Paul Hindemith. Ihn dafür zu gewinnen war ein glücklicher Gedanke; denn durch keinen so wie durch ihn konnte derart bezwingend zum Erlebnis werden, dass Bach in seiner ganzen Macht und Fülle lebt in unserer Zeit: als Vorbild der Vollendung und als guter Geist des verantwortungsbewussten heutigen Musikschaffens. In dreifacher Gestalt legte Hindemith Zeugnis ab von seiner besonderen Berufenheit, diese Geistes-Gegenwärtigkeit Bachs ad aures zu demonstrieren. Zunächst als Komponist mit der deutschen

Spielt nicht so romantisch! Komponist Paul Hindemith (1895-1963) setzte sich früh für eine historisch orientierte Bachinterpretation ein

Konzert-Erstaufführung seiner Kantate für Chor und Blasorchester, *Apparebit repentina dies*. Die mittelalterliche Dichtung um das Jüngste Gericht hat Hindemith in eine musikalische Sprache übersetzt, die sich in gleichem Maße auf Bachschen Geist berufen kann, wie sie anderseits ganz die Errungenschaft und das Eigentum des Meisters unserer Tage ist: streng und gemessen in der Form, scharf konturiert in der Linienzeichnung, gebändigt und doch unmittelbar im „Ausdruck der Empfindung", der aber doch ohne Rest im rein Musikalischen objektiviert ist. Eine Sprache von visionärer Kraft, aber auch von letzter Reife, die bereits klassisches Maß gewonnen hat.

Dann hörte man Hindemith, den Bekenner, am Rednerpult. Sein Thema *Johann Sebastian Bach, ein verpflichtendes Erbe* bestätigte, was die eigene Komposition ausgesagt hatte: dass hier ein moderner Musiker auf der Höhe seiner Entwicklung eine Stufe der künstlerischen und menschlichen Weisheit erreicht hat, die heutzutage nicht von vielen erklommen wird. Nicht die Wiederherstellung eines von laienhaft-romantisierender Verkitschung gereinigten Bach-Bildes, nicht die liebenswürdig ironisierende Verurteilung stilistischer Gewissenlosigkeit in den landläufigen Bach-Aufführungen unserer „repräsentativen" Konzerte war – so wichtig und dringlich an sich – das Eindrucksvollste dieser Rede. Sondern es war der ungeheure Respekt, die (wenn man so sagen darf) nüchterne Ehrfurcht, die Hindemith selbst bezeugte und von uns forderte für eine Erscheinung, die das Höchste erreicht habe, was einem schöpferischen Künstler – der doch immer ein Mensch bleibt – zu erreichen möglich ist: eine Kunst, der es gelingt, „uns in unserem ganzen Wesen nach dem Edlen auszurichten". (Nebenbei: eine Kunst, in welcher der Klang nur noch „Gefäß für unser Besserwerden" ist; und „ein solches Besserwerden wird uns unduldsam machen gegen mindere Musik, gegen Geklingel, gegen Fahrlässiges und Nichtgekonntes".) Das einzigartige Vorbild aber verpflichtet die Nachstrebenden.

In dritter Gestalt erschien Paul Hindemith als Interpret; nämlich des *Magnificat* von Bach, des festlichen Ausklangs. Es ist üblich geworden, im Zeitalter der blendenden Pultvirtuosen und der Schaudirigenten, überlegen-nachsichtig zu lächeln, wenn ein Komponist gelegentlich zum Taktstock greift. Publikum und Kritik sind in diesem Punkte heute schon so verdorben, dass sie den Mangel an Mise en Scène und an Eleganz oder Ekstatik des Gebarens als künstlerisches Manko und dirigentische Unzulänglichkeit verbuchen und demgemäß über die Leistung absprechen. Dementgegen möchten wir – gerade auch nach diesem Eindruck – wünschen, viel öfter große Werke der Vergangenheit durch große Komponisten der Gegenwart interpretiert zu hören. Es zeigt sich da nämlich, dass jeder nur seinesgleichen ganz versteht, und daraus ergibt sich so etwas wie stellvertretende Authentizität. Und daraus wieder eine Redlichkeit der Wiedergabe, die sich im Ergebnis als unbedingte Richtigkeit aufzwingt. Das war das beglückende Erlebnis auch bei diesem Anlass. Das Werk erstand in einer Frische wie „am ersten Tag", in einem natürlichen Fluss (das Thema diktiert das Tempo!), einer Klarheit der Struktur, wie es wenige Ohrenzeugen überhaupt gekannt haben werden. Es scheint, dass das Außergewöhnliche dieses Ereignisses wirklich empfunden wurde: Denn dem Spender so erregender Aufschlüsse wurden am Ende lang andauernde enthusiastische Huldigungen zuteil.

Bildnachweis

10 Gjon Mili/Time Life Pictures/Getty Images
13 Hulton-Deutsch Collection/Corbis
17 Gjon Mili/Time Life Pictures/Getty Images
18 Elliott Erwitt/Magnum Photos/Agentur Focus
20-21 ullstein bild/Camera Press Ltd.
22 Interfoto/Archiv
26-27 ullstein bild
32 Gjon Mili/Time Life Pictures/Getty Images
41 ullstein bild
42 EMI Archiv/X
46 Denise Bellon/akg-images
54 Keystone/Getty Images
59 Gjon Mili/Time Life Pictures/Getty Images
61 Hulton-Deutsch Collection/Corbis

DIE ZEIT Klassik-Edition

Musik zum Lesen und Hören

Band 01 | Yehudi Menuhin
Brahms, Bruch: Violinkonzerte
ISBN 3-476-02201-3

Band 02 | Herbert von Karajan
Sibelius: Sinfonien Nr. 2 und 5
ISBN 3-476-02202-1

Band 03 | Elisabeth Schwarzkopf
Richard Strauss: Vier letzte Lieder, Szenen aus „Der Rosenkavalier"
ISBN 3-476-02203-X

Band 04 | Sabine Meyer
Mozart und Weber: Klarinettenkonzerte
ISBN 3-476-02204-8

Band 05 | Sergiu Celibidache
Bruckner: Sinfonie Nr. 4 Es-Dur „Romantische"
ISBN 3-476-02205-6

Band 06 | Pablo Casals
Bach: Suiten für Cello solo
ISBN 3-476-02206-4

Band 07 | Martha Argerich
Schumann, Bartók, Prokofjew: Klavierkonzerte
ISBN 3-476-02207-2

Band 08 | Roger Norrington
Wagner: Vorspiele und „Liebestod"
ISBN 3-476-02208-0

Band 09 | Nigel Kennedy
Vivaldi: Die vier Jahreszeiten, Mendelssohn: Violinkonzert
ISBN 3-476-02209-9

Band 10 | Wilhelm Furtwängler
Beethoven: Sinfonie Nr. 9
ISBN 3-476-02210-2

Band 11 | Maria Callas
Wahnsinns-Szenen von Donizetti, Bellini und Thomas
ISBN 3-476-02211-0

Band 12 | Simon Rattle
Strawinsky: Le sacre du printemps, Janáček: Sinfonietta
ISBN 3-476-02212-9

Band 13 | Maurizio Pollini
Chopin: Klavierkonzert Nr. 1, Nocturnes, Balladen, Polonaisen
ISBN 3-476-02213-7

Band 14 | Jacqueline du Pré
Elgar: Cellokonzert, Brahms: Cellosonate F-Dur
ISBN 3-476-02214-5

Band 15 | Leonard Bernstein
Berlioz und Milhaud: Orchesterwerke
ISBN 3-476-02215-3

Band 16 | Alban Berg Quartett
Schubert: Streichquartette Nr. 10 und Nr. 14 „Der Tod und das Mädchen"
ISBN 3-476-02216-1

Band 17 | Dietrich Fischer-Dieskau
Schubert: Winterreise, Die Forelle, Erlkönig
ISBN 3-476-02217-X

Band 18 | Mariss Jansons
Schostakowitsch: Sinfonie Nr. 5, Klavierkonzert Nr. 1, Jazz-Suite Nr. 1
ISBN 3-476-02218-8

Band 19 | Mstislaw Rostropowitsch
Dvořák und Schumann: Cellokonzerte
ISBN 3-476-02219-6

Band 20 | Otto Klemperer
Mahler: Sinfonie Nr. 2 c-Moll „Auferstehung"
ISBN 3-476-02220-X

Gesamtreihe: Die ZEIT Klassik-Edition
ISBN 3-476-02200-5

Im Internet unter:
www.zeit-klassikedition.de